MES SOUVENIRS

DE CAPTIVITÉ

Par le chef d'escadron RÉGNIÉ

Officier de la Légion d'honneur

MONTMÉDY
IMPRIMERIE G. PIERROT

1911

MES
SOUVENIRS DE CAPTIVITÉ

I. — MA CAPTIVITÉ

Après la capitulation de Metz, nous fûmes remis entre les mains des Prussiens, le 29 octobre 1870, à huit heures du matin. Nous sortîmes de la ville par la « Porte des Allemands » et sur la route, nous rencontrâmes les Prussiens qui formaient la haie de chaque côté. En hurlant comme des sauvages, nous défilâmes sous le canon du fort de Queuleu dont les Allemands avaient déjà pris possession, et nous arrivâmes à Ars-Laquenexy où l'on nous attendait.

Tout était déjà préparé pour nous recevoir. Un petit vallon en forme d'entonnoir — qui se trouvait à peu de distance du village — avait été divisé en échelons ; chaque division était marquée par un poteau portant un numéro et chaque partie de ce terrain ainsi divisé devait contenir mille hommes. Des voitures renfermant des vivres pour le même nombre de soldats, nous attendaient au village. Déjà, en sortant de Metz, les soldats allemands avaient jeté des poignées de cigares dans nos rangs, mais nos hommes, bien que privés de tabac depuis longtemps, les avaient regardés avec dédain. Seuls, quelques malheureux en avaient ramassé.

Le camp était entouré d'une haie en fil de fer, gardée par des factionnaires allemands, fusil chargé, afin de nous ôter toute idée d'évasion. En arrivant dans son échelon, chacun s'occupa de dresser sa tente, de préparer sa cuisine, de faire du bois, de chercher de l'eau, etc. Mais ce n'était pas facile, plus d'un ayant perdu ou usé ses effets de campement et le bois étant rare dans un si petit espace de terrain occupé par des milliers de prisonniers.

La première nuit fut terrible. Assis les uns près des autres, le cœur triste, nous étions près de quelques branches de bois vert, trouvé à grand'peine, qui charbonnait au lieu de brûler. N'ayant pas de toile de tente pour nous mettre à l'abri du froid, nous nous serrions les uns près des autres. Mais vers minuit une pluie fine, chassée par le vent du nord, commença à tomber. Transi jusqu'aux os, je ne pouvais fermer l'œil et j'attendais impatiemment le jour qui devait, je le pensais, faire cesser mes frissons et sécher mes habits... Espérance vaine !... le ciel resta couvert, le vent continua à souffler de plus belle, la pluie à tomber à torrents.

En peu de temps, l'espace que nous occupions fut transformé en un lac de boue : les cavaliers prussiens n'osaient plus y passer, nous ne savions où poser les pieds. Et comment parvenir à dresser les tentes qu'on avait fini par nous donner, dans un sol où les piquets ne tenaient pas ! Il fallut alors racler la terre avec tout ce qui nous tombait sous la main, et, après l'avoir séchée avec un bon feu, nous pûmes songer à dormir. Mais nous étions une dizaine ensemble et le lit que nous avions fait pouvait contenir quatre hommes au plus.

Dans les différentes parties du camp, beaucoup de soldats n'avaient pas d'abri, aussi les nuits qu'ils passaient étaient bien pénibles. Très peu avaient encore du campement, n'ayant pas voulu se charger d'ustensiles de cuisine au départ de Metz parce qu'ils ignoraient la longueur du voyage qu'ils entreprenaient.

Je me rappelle que pendant la première nuit passée dans le camp, j'entendis à chaque instant des hommes égarés qui appelaient leurs camarades, d'autres qui, tombés dans un trou de boue, réclamaient des secours. Les mêmes scènes se renouvelèrent pendant plusieurs nuits, car les quelques feux que nous allumions étaient si faibles qu'ils ne pouvaient guider nos camarades dans l'obscurité.

Les Prussiens avaient amené de grands tonneaux d'eau-de-vie de pommes de terre qu'ils devaient distribuer gratis aux prisonniers. Mais cette race essentiellement rapace n'en donnait qu'en échange d'argent ou de toutes sortes d'effets d'habillement, d'équipement dont les hommes se dépouillaient. Nos malheureux soldats, privés de bonne nourriture depuis longtemps, trempés par la pluie, se jetèrent sur ce liquide, espérant se réchauffer. De quoi d'ailleurs n'étaient capables ces malheureux qui, pendant le blocus de Metz, ramassaient dans le ruisseau des biscuits moisis que la manutention avait fait jeter et les mangeaient. Beaucoup d'entre eux burent aussi cette eau-de-vie sans modération. Gagnés par le sommeil, engourdis par le froid, ils se couchaient alors dans la boue. Le lendemain matin, on les retrouvait la figure violette, les membres raidis : ils étaient morts de froid. Ceux qui en échappaient devaient aller plus tard mourir de misère dans quelque baraque d'une ville allemande.

Il n'est pas de plume qui puisse décrire toutes les souffrances de ces malheureux prisonniers qui devaient passer plusieurs jours dans le camp qu'on appelait « Le camp de la Boue » et qui méritait celui de « Camp de la Mort ».

Après deux ou trois essais, je parvins à m'enfiler dans un wagon de marchandises, ainsi qu'une quarantaine de mes compatriotes. Entassés les uns sur les autres, nous partîmes de Courcelles vers la nuit. Les factionnaires qui se tenaient aux deux seules ouvertures de notre wagon les fermèrent dans la crainte que l'un de nous ne s'échappât. Dans un espace aussi étroit, l'air devint bientôt irrespirable. Il fallut demander aux Allemands d'ouvrir, ce qu'ils firent, non sans résistance et mauvaise humeur.

Lorsque nous eûmes dépassé les frontières françaises, les factionnaires se relâchèrent un peu et il nous fut enfin permis d'ouvrir les portes. Etant placé dans le fond du wagon, je pouvais voir, par dessus le casque à pointe des Allemands, défiler les clochers et me rendre compte des villes où nous passions. C'est, je crois, à Mannheim qu'on nous apporta un baquet contenant notre nourriture : du boudin nageant au milieu d'une espèce de liquide innommable. Non seulement nous étions nourris comme les plus vils animaux, mais ne possédant ni fourchette, ni couteau, nous étions obligés de plonger les mains dans cet horrible liquide pour attraper les morceaux qui surnageaient.

Le voyage dura trois jours et trois nuits. Il m'est impossible de me rappeler les villes où l'on nous fit passer. De Cassel où nous étions parvenus, on nous fit revenir en arrière, puis, de droite à gauche. Enfin, nous atteignîmes Hertzberg, lieu de notre débarquement. On nous fit placer sur cinq rangs et l'on nous compta. Beaucoup manquaient à l'appel, plusieurs étaient morts pendant le trajet, d'autres avaient été transportés dans les ambulances où les ambulanciers les avaient soignés. (Les ambulanciers sont les seules personnes qui, en Allemagne, ont eu de la compassion pour nos malades).

Le commandant de la colonne nous dirigea alors sur Torgau — distant de Hertzberg de quarante kilomètres — qui devait être notre prison. Pour nous remettre de notre voyage, nous nous engageâmes donc à pied, par une nuit très noire, dans les marais et les bois qui couvrent cette contrée. Au début, nous marchions pour nous réchauffer, mais après trois ou quatre heures de cette course pénible, certains trouvèrent que leur sac pesait trop : ils le jetèrent dans le fossé. D'autres demandèrent aux Allemands la grâce de les tuer, afin d'achever leurs souffrances. La nuit fut épouvantable.

C'est avec un grand soulagement que je vis apparaître les premières maisons de Torgau. J'étais tellement fatigué que je demandais intérieurement la mort et que l'approche de la prison me semblait une délivrance. A cinq heures du matin nous arrivâmes devant les portes de la ville. Le commandant de l'escorte dit quelques mots au factionnaire qui nous laissa passer. Nous traversâmes la ville endormie, puis l'Elbe, et nous arrivâmes à la citadelle. Sur les glacis, les Prussiens avaient disposé des tentes prises aux Autrichiens en 1866. Quelques brins de paille étaient étendus sur le sol et devaient servir de lit à vingt prisonniers. Brisé de fatigue, je m'y étendis sans songer à me procurer aucune nourriture. Je ne tardai pas à m'endormir.

Je me levai dans l'après-midi et, avec quelques amis, j'allai visiter notre camp. Il était composé de longues files de tentes, chaque file formant une compagnie. Parmi les prisonniers des premières rangées, je rencontrai des soldats de Sedan et de Strasbourg qui nous avaient précédé de quelques jours. Nous apprîmes après qu'il y avait des prisonniers français de diverses provenances. Tous nous étions impitoyablement gardés par d'innombrables canons qui devaient ôter aux plus intrépides toute idée de révolte.

Deux ou trois jours après notre arrivée, la neige se mit à tomber abondamment. La campagne en fut bientôt couverte et, sous nos tentes, le froid devint très pénible. Il fallait fermer la porte et se serrer les uns contre les autres pour se réchauffer. Sans nouvelles de mes amis, de mes parents, de la France, de la guerre, je n'avais pour me renseigner que quelques journaux belges qu'un habitant de Torgau me faisait passer. En lisant l'héroïque résistance du pays contre les envahisseurs, j'étais plus malheureux que jamais de me sentir loin de la Patrie.

A tout prix, je voulais rentrer en France. J'en parlai à mes compagnons qui me firent part de leurs projets à peu près irréalisables, car il fallait de l'argent et nous n'en avions pas.

Sur ces entrefaites, un matin que je voulus

me lever, mes jambes refusèrent de me soutenir. En regardant mes bras, je m'aperçus qu'ils étaient couverts de petits boutons blancs, ma poitrine aussi Mes camarades m'engagèrent à aller consulter le médecin de la citadelle. Tant bien que mal, je m'y rendis et je ne tardai pas à entrer à l'hôpital : j'avais la petite vérole.

Le lieu destiné aux malades était une baraque de planches située dans un coin reculé du fort. Les lits des malades se composaient d'un peu de paille et d'une couverture — couvertures ayant appartenu aux soldats français et dont les Prussiens les avaient dépouillés en les emprisonnant à Torgau. Une grande cruche de terre remplie d'eau était au milieu de la salle : c'est là que devaient se désaltérer les malheureux dévorés par la fièvre.

Etendus en grand nombre sur le plancher, nous recevions tous les jours la visite d'un médecin qui nous adressait quelques paroles en allemand et c'était tout. Le docteur était accompagné de soldats français qui se dévouaient pour soigner leurs camarades. D'ailleurs, les seuls soins que recevaient les prisonniers souffrants étaient les leurs, les Allemands se souciant fort peu des malades. Dans de telles conditions, la mortalité était très grande et, chaque matin, plusieurs cercueils passaient sous mes fenêtres.

Un vénérable aumônier de l'armée française, qui avait tenu à nous accompagner dans notre captivité, venait nous voir chaque matin et s'informait des nouveaux arrivés. Il était porteur de tabac, de cigares, de pipes dont nous étions privés depuis longtemps et qui nous faisaient envie. Mais l'aumônier ajoutait : « Si vous voulez vous confesser, vous en aurez, autrement... bernique ! » Beaucoup se prêtaient à cette comédie et recevaient en échange de leurs racontars quelques cigares, du tabac. Mais dès que l'aumônier avait tourné les talons, c'était à qui l'habillerait de son mieux et les propos décolletés allaient leur train.

II. — MON ÉVASION

Dès que je pus me lever, je me réunis à quatre de mes camarades mieux portants et, ensemble, sous une tente vide, nous discutions nos projets d'évasion. Après pas mal de réflexions, il fut convenu que nous sortirions du camp et qu'une fois en ville nous changerions nos uniformes contre des vêtements civils. Devenus ainsi méconnaissables, nous sortirions de Torgau, prendrions la route de l'Autriche et .. à la garde de Dieu.

Nous vendîmes alors nos vêtements à des juifs qui venaient au camp qui se chargeaient de nous procurer en échange des vêtements civils. Mais il fallait sortir du camp qui était entouré de fils de fer et gardé jour et nuit par des factionnaires. Nous ne pouvions songer à franchir ces barrières. La porte du camp était aussi gardée par des factionnaires de chaque côté. Quand on en était sorti, il fallait encore longer la citadelle, traverser le pont à l'extrémité duquel se trouvaient des douaniers. Tout cela était nécessaire pour pénétrer dans la ville et y chercher les vêtements achetés afin de pouvoir gagner la route de Dresde qui nous conduirait en Autriche.

Heureusement que j'avais remarqué pendant mon séjour au camp que les Allemands avaient donné à quelques sous-officiers des cartes qui leur permettaient d'aller en ville jusqu'à six heures. (1) Après mille difficultés nous parvinmes à nous procurer deux de ces cartes, ce qui permit à deux d'entre nous de sortir du camp. Les factionnaires, sur la vue de leur carte, les laissèrent passer, les douaniers du pont aussi.

Mais nous restions trois dans le camp et sortir sans carte n'était pas chose facile. Heureusement que nous connaissions la lourde intelligence de nos ennemis et que nous avions préparé un stratagème dont ils ne devaient pas s'apercevoir.

Une fois en ville, mes deux amis s'étaient rendus chez un adjudant qu'on avait autorisé à loger en ville et où se trouvaient les vêtements que nous nous étions procurés. Mes deux camarades l'avaient ensuite informé de notre projet que celui-ci avait approuvé, non sans faire quelques réflexions peu encourageantes.

Néanmoins, mes amis ne désespérèrent pas. L'un deux rentra au camp, porteur de sa carte et de celle de son compagnon qui servit à en laisser sortir un de nous et ainsi de suite. Nous pûmes ainsi passer tous les cinq à tour de rôle devant les mêmes factionnaires, avec les deux mêmes cartes, avec le nom écrit en grosses lettres. Personne ne se douta de notre manège.

Sortis du camp, il fallait songer à nos vêtements, à nos vivres, et cela sans éveiller l'attention de nos ennemis. Nous arrivâmes à

(1) Je pense que ces cartes permettaient aux sous-officiers de sortir en civil. Le commandant avait enlevé les bandes rouges de ses pantalons pour simuler des habits civils et sortir du camp comme un sous-officier en civil.

la hâte chez l'adjudant dépositaire de nos vêtements. En un clin d'œil, nous endossâmes de grandes houppelandes, nous arrachâmes nos éperons et nous nous couvrîmes la tête d'un grand bonnet fourré. Nous ne nous étions pas rasés depuis longtemps, ce qui nous donnait l'air, avec nos grandes pipes allemandes, de vrais naturels du pays. Deux d'entre nous étaient Alsaciens, ce qui leur permettait de se faire comprendre des habitants. Ils furent alors détachés pour acheter des vivres, du pain noir en forme de grosse brique, du boudin — sorte de mélange de viande et de sang, — du rhum. Ces acquisitions ne se firent pas sans peine.

Réunis tous les cinq et sur le point de nous mettre en route, les mains entrelacées, nous jurâmes de rentrer en France à tout prix.

Divisés en deux groupes et conservant une petite distance entre nous, nous nous dirigeâmes vers la porte de la ville, à gauche de l'Elbe. Deux factionnaires la gardaient. Ils nous laissèrent passer et même nous souhaitèrent le bonsoir. Nos cœurs battaient à se rompre dans nos poitrines. Sans précipiter le pas, nous marchions sous les voûtes sombres du rempart en tressaillant au moindre bruit, croyant à tout moment entendre les hurlements des gardiens à notre poursuite.

Après avoir dépassé les remparts, tourné la caponnière, nous respirâmes à notre aise. Bientôt deux routes se présentèrent à nous, celle de Dresde et celle de l'Elbe. Nous tînmes conseil dans un petit bois à côté et décidâmes de prendre celle de l'Elbe. Mais le fleuve était caché par une épaisse couche de neige et sa présence ne nous était révélée que lorsque la glace craquait sous nos pieds. Nous fîmes ainsi plusieurs kilomètres jusqu'à la tombée de la nuit. Mais le froid devint alors si intense et nos bottes si lourdes de neige que nous nous sentions incapables de continuer plus longtemps ce même chemin.

Heureusement que j'avais acheté à Torgau une bonne carte de l'Europe centrale et que j'avais une boussole breloque : avec ces deux objets nous étions sauvés. Nous nous dirigeâmes alors du côté de Meissen, voie il est vrai plus dangereuse, car nous devions traverser des villages, rencontrer des patrouilles, des gendarmes. Nous résolûmes de voyager pendant la nuit et de passer la journée dans les bois qui se trouveraient sur la route. En dépit de notre fatigue, nous fîmes, pendant cette première nuit, environ neuf à dix lieues. Au lever du jour, nous cherchâmes un abri dans un bois situé non loin de là. Cachés au plus épais, nous y déjeunâmes avec nos provisions de Torgau, apportées dans de petits sacs appelés « musettes » dissimulés sous nos capotes. Après ce repas, nous nous couchâmes dans la neige. Je dormis jusqu'au soir.

Je réveillai mes camarades et, sans plus tarder, nous continuâmes notre voyage. Vers le milieu de la nuit nous étions à Meissen, dont nous avions aperçu le château et les immenses fabriques Nous traversâmes la ville en bourgeois attardés, croisant à chaque instant les veilleurs de nuit armés d'une lanterne et d'un grand sabre dont ils auraient pu faire usage. A la sortie de la ville, nous prîmes la route de Dresden. Mais je réfléchis que nous approchions de la frontière et qu'il fallait nous tenir sur nos gardes. Je résolus donc de laisser Dresden à notre gauche et de couper court à travers champs. Mes camarades furent de mon avis. Nous marchâmes ainsi toute la nuit et au point du jour nous arrivâmes à Pirna.

Cachés dans un bois des environs pour chercher un peu de repos, nous découvrons bientôt une maison de forestier complètement endormie. Nous nous approchons à pas de loup et, continuant nos recherches, nous nous apercevons que la pompe est couverte de paille afin d'empêcher l'eau de geler. Ravis d'une si bonne aubaine, nous nous emparons d'une grande partie des bottes que nous cachons dans un fourré qui devait nous faire un lit des plus doux. Je m'y endormis sans songer aux dangers qui pouvaient fondre sur nous tous à chaque instant.

La nuit revint nous engager à continuer notre voyage. Nous étions heureux de voir approcher la frontière, car nos provisions étaient épuisées et nos bottes percées nous faisaient bien mal aux pieds. Chacun souffrait sans se plaindre, craignant de décourager les autres.

Tout alla bien jusqu'à Posendorf, au pied de l'Erzgebirge, où nous rencontrâmes une patrouille au milieu du village qui se dirigeait sur nous... Que faire ? la fuite était impossible, emprisonnés que nous étions entre la rivière et les maisons du village serrées les unes contre les autres. La défense ne l'était pas plus : les Allemands étaient beaucoup plus nombreux que nous et ils nous auraient infailliblement arrêtés.

C'est alors qu'un des nôtres, un Alsacien gigantesque qui aurait facilement pris un homme sous chaque bras, s'avança sans rien dire au devant de la patrouille. Nous le suivions pas à pas. La patrouille marchait toujours... Tout à coup, nous voyons les fusils se balancer sur l'épaule et les Allemands passer à côté de nous sans dire un mot.

J'ai toujours supposé que les chefs de la patrouille, à l'aspect du gaillard qui nous précédait et des quatre individus à mine suspecte qui les suivaient, n'avaient pas osé demander nos papiers, ce que nous aurions été bien embarrassés de faire.

Le village traversé, nous étions sauvés et ce fut à qui rirait le plus du danger affronté.

Mais il nous restait encore à franchir les monts de Bohême pour arriver en Autriche et trouver enfin la liberté. Mais nous étions si fatigués que cet espoir ne suffisait pas à nous encourager. Nos pieds étaient tellement enflés que certains de mes compagnons avaient dû couper leurs bottes. Il nous était impossible de songer à gravir les monts de Bohême cette nuit-là.

Bientôt nous rencontrâmes heureusement une auberge où nous entrâmes pour demander qu'on nous servît à boire et à manger. L'un de nous raconta en allemand à l'hôtelier que nous étions des Suisses, venant de Dresden, appelés à Prague par la Confédération pour prendre les armes, etc. Mais ces explications et nos mines rébarbatives devaient paraître suspectes à l'hôtelier car, au lieu de nous servir, il causait à voix basse avec sa femme et nous regardait avec méfiance, ce qui ne manquait pas de m'inquiéter. Il est vrai qu'il n'y avait que deux ou trois hommes dans la salle et que nous aurions eu facilement raison d'eux s'ils avaient voulu tenter quoi que ce soit contre nous. Après un entretien de l'hôtelier avec sa femme qui dura plus d'une heure, celui-ci vint à nous et nous dit : « Vous êtes probablement des Français échappés de Torgau, nous en avons été prévenus. Du reste on fouille le pays et la frontière est sérieusement surveillée. Je ne puis vous garder chez moi, car si on le savait, je serais mis en prison. Je vous conseille donc de passer la frontière au plus vite. Qui sait si demain il serait encore temps. »

Ces réflexions traduites par notre ami nous décidèrent à passer en Autriche sans plus tarder et à gravir les monts de Bohême. Le vent du nord soufflait avec violence et il était difficile de nous en garantir. J'avais affreusement mal aux pieds, les jambes raides. Je marchais péniblement au milieu des bourrasques de neige, de la nuit noire, lugubre, troublée seulement par le sifflement du vent dans les sapins.

Ce fut en nous soutenant mutuellement que nous parvînmes au sommet de la montagne d'où nous pouvions apercevoir la frontière. Sa vue ranima notre courage. Quelques gouttes de rhum, notre dernière ressource, partagées entre nous permirent à mes camarades et à moi de franchir la distance qui nous séparait de l'Autriche.

III. — MON RETOUR EN FRANCE

PAR L'AUTRICHE ET L'ITALIE

Aprés quatre ou cinq heures d'efforts pénibles nous arrivâmes en vue du poteau qui pour nous était la vie sauve. Bientôt après, nous arrivâmes au village d'Aremberg. Un sapin, suspendu à la porte d'une des premières maisons, attira notre attention. Nous frappâmes à la porte. Un petit garçon vient nous ouvrir mais, effrayé sans doute à l'aspect des individus en haillons, il se sauve à toutes jambes, laissant la porte ouverte. Nous profitons alors du passage laissé libre et nous pénétrons dans une grande salle ornée de tables et de bancs. Bientôt après s'avance le père du petit garçon, habillé à la hâte et suivi de sa famille. Un des nôtres lui explique en Alsacien qui nous sommes, comment s'est passé le voyage et la crainte que nous avons d'être rendus aux Prussiens. Le bonhomme, les larmes aux yeux, nous assure de la bonne hospitalité autrichienne et court chercher du foin et des couvertures où nous nous étendons. Le feu est vite allumé, la table mise et bientôt nous mangeons et buvons comme des bienheureux.

Un sommeil réparateur auprès du feu et nos fatigues sont oubliées. L'après-midi nous recevons le bourgmestre suivi d'une grande partie des habitants. Après les félicitations, les serrements de mains de ces braves gens, nous demandons au bourgmestre de nous prêter un traîneau pour nous rendre à Tœplitz, ce qu'il nous accorde de grand cœur.

Dans un coin de la salle j'avais fini par remarquer des douaniers prussiens qui nous lorgnaient d'un œil méchant, pendant que des gendarmes autrichiens riaient en face de leur déconvenue. J'appris bientôt que des charretiers, nous ayant reconnus à Posendorf, étaient allés nous dénoncer au bourgmestre, qui savait d'ailleurs notre évasion par la gazette de Dresde. Tout alors avait été mis en œuvre pour nous surprendre et une quantité de douaniers saxons avaient surveillé la frontière la nuit où nous l'avions franchie.

Malgré toutes ces précautions, nous leur avions échappé. Dieu en soit béni, car je ne sais ce qu'ils auraient fait de nous.

La journée et la nuit suivante se passèrent à Aremberg dont le bourgmestre ne nous quittait plus. C'était un ancien officier qui avait fait la campagne d'Italie. Il nous en racontait toutes les phases sans en rien omettre Les officiers français, disait-il, l'avaient fort bien traité lorsqu'il en avait été fait prisonnier. Bref, le bonhomme était charmant et se mettait à notre disposition. Quel dommage et comme j'ai toujours regretté de ne pas lui avoir demandé son nom !

Le lendemain, un traîneau s'arrêta à notre porte pour nous conduire à Tœplitz. Après avoir serré la main à ces braves gens, nous nous installons confortablement et nous filons sur la neige, escortés d'un brigadier de gendarmerie, gentil garçon, qui ne regrettait que de ne pas savoir le français. Sans nous soucier du passage merveilleux de la montagne ni de la rapidité avec laquelle nous en descendions les pentes, nous entonnons la *Marseillaise* à gorge déployée. Je ne puis dépeindre l'ahurissement des paysans qui voyaient passer les cinq larrons que nous semblions, chantant à tue-tête et escortés par un gendarme qui paraissait nous conduire en prison.

Le préfet de Tœplitz, prévenu de notre arrivée, la nouvelle se répandit bientôt dans toute la ville où chacun se pressait à notre rencontre, croyant voir en nous des êtres extraordinaires. Dès que nous fûmes arrivés nous nous rendîmes à l'Hôtel-de-Ville pour prier le Préfet de prévenir le Consul français de Vienne afin qu'il nous fournît les moyens de rentrer en France le plus tôt possible.

Sur les marches de l'Hôtel-de-Ville, se pressaient tous les maîtres d'hôtels, désireux de nous recevoir. Nous décidâmes de dîner tous les cinq à l'Hôtel d'Angleterre ou du Louvre (je ne me rappelle plus exactement). Il y avait si longtemps que j'étais privé de vin que je bus avec un plaisir extrême. La salle était pleine de monde. Chacun nous examinait attentivement et nous étions l'objet de toutes les conversations. Petit à petit on se rapprocha de nous et bientôt les convives firent cercle autour de nous. Questionnés par l'un et l'autre en très bon français, nous leur racontâmes notre malheureuse campagne et les péripéties de notre captivité suivie de l'évasion. On apporta le champagne, on trinqua, on causa longuement. Mais le vin, auquel nous n'étions plus habitués, nous grisait et, sagement, je donnai le signal du départ.

Nous restâmes trois jours dans cette ville, attendant la réponse du Consul et nous reçûmes toutes sortes de marques d'amitié de la part des habitants. Un vieux professeur d'origine française vint nous voir pour causer avec nous de la patrie malheureuse. Nous aurions passé toute la nuit avec lui si nous l'avions écouté. Malgré tout, d'ailleurs, l'impatience nous gagnait et nous fûmes bien heureux de recevoir nos ordres de départ. Après avoir remercié ces bons Autrichiens et échangé des adieux d'amis, nous montâmes dans le wagon qui devait nous conduire à Vienne et où tout avait été aménagé pour que nous y trouvions le plus de confort possible.

A notre arrivée, une personne nous attendait pour nous conduire au Consulat. Dans cette ville, les Français avaient eu l'excellente idée de fonder une société qui devait fournir aux soldats évadés les vêtements dont ils auraient besoin. Ce fut pour moi un grand bien de changer d'habits. J'allai ensuite dans les cafés où se réunissaient les Français et où je racontai encore mes aventures. Après deux jours passés à Vienne, nous avions nos passeports nécessaires pour l'Italie où on internait tous les prisonniers français.

Dès notre arrivée dans ce pays, on nous demanda nos papiers, mais comme ils étaient en règle, on nous laissa passer. Toutefois dans le train qui devait nous conduire à Turin, un employé du chemin de fer nous demanda nos billets et, ne les trouvant pas suffisants, nous demanda de payer un supplément. Nous n'avions pas d'argent et l'employé nous avait menacé de nous faire descendre à la première gare. Nous ne pouvions songer à réclamer aux autorités qui, apprenant notre qualité de Français, n'eussent pas hésité à nous coffrer. Que faire alors ?... C'était bien la peine d'avoir fait un si long voyage pour venir échouer à quelques lieues de la France.

Heureusement, en montant en wagon, j'avais appris que deux officiers français, évadés comme nous, se trouvaient dans notre train. L'un de nous alors ouvre la portière et, pendant que le train marche, va de wagon en wagon jusqu'à eux. Très volontiers du reste, ils nous prêtèrent l'argent qui nous manquait et ce fut en rageant que nous payâmes l'employé. Le train ne tarda pas à s'arrêter près de Solférino d'où j'aperçus le monument élevé à nos braves de Magenta. Ils étaient morts pour défendre le pays contre ses oppresseurs, mais ceux que nous avions battus nous avaient reçus à bras ouverts, avec enthousiasme même, tandis que ceux que nous avions secourus devaient entraver notre voyage jusqu'à la fin. S'ils ne nous emprisonnèrent pas, ce ne fut pas certes de leur faute.

En arrivant à Turin, un individu en bourgeois nous attendait à la gare et nous suivit pas à pas chez le Consul auquel nous allions demander de l'argent afin de rembourser les officiers français. Le Consul fut charmant mais très dur sur la question argent et ce ne fut pas sans peine que nous obtînmes la somme nécessaire.

A la sortie du Consulat, notre individu nous attendait et nous suivit dans toute la ville. Nous ne pouvions faire un pas sans l'avoir à nos trousses et, en passant, il donnait comme un mot d'ordre à tous les gendarmes qu'il rencontrait. Bref, nous entrâmes dans un restaurant appelé la petite Ligurie, près la gare, et là nous fûmes tranquilles, au moins pour un moment. Car, au bout d'un quart d'heure, notre individu réapparaît accompagné de deux gendarmes, réclame nos papiers, les examine et part en disant : « Je vais vous les rendre ».

Tout cela n'était pas bien clair et fait pour nous rassurer. Au plus vite nous retournons chez le Consul auquel nous racontons notre ennui. Mais il nous dit d'un air piteux : « Ma foi, je ne sais pas ce qui pourra vous arriver. Vous n'êtes pas bien ici... on vous arrêtera peut-être, etc... » Je voyais le moment où li allait nous éconduire en nous disant : « Arrangez-vous comme vous voudrez, quant à moi, cela ne me regarde pas ».

Toutes ces hésitations ne faisaient pas notre affaire et, bon gré mal gré, il fallut que le Consul nous fît de nouveaux passeports qui nous permirent de filer à la gare. Là encore, un individu s'attacha à nos pas et prit place avec nous dans le même compartiment.

Le train en marche, chacun s'observait en silence en ayant l'air de se demander comment on pourrait se débarrasser de cet intrus. Toutefois le précipiter par la portière paraissait irréalisable et l'étouffer, pour le fourrer ensuite sous la banquette, dangereux en conséquences. Pendant que ces réflexions me hantaient, mon individu, enfoncé dans son coin comme un bon bourgeois tranquille, nous observait de l'œil et ne perdait pas un mot de notre conversation.

A Suze, nous changeâmes de train pour prendre celui de Saint-Michel. Après avoir traversé des gorges, nous côtoyions des montagnes, puis des précipices grandioses où il aurait été facile d'expédier notre espion. Malheureusement, un gendarme monta......
Tous les deux se redressaient, fiers de leur importance.

« Attendez-donc, mes gaillards, dans quelques instants nous sommes en France et alors !.... » Le train stoppe bientôt. C'est la frontière. Nous changeons de train et, en deux minutes, nous sommes en France. Quelle joie !

Nous arrivâmes à Saint-Michel où l'intendant nous dirigea sur Chambéry où nous débarquâmes la bourse vide. Le maire nous avait bien donné un billet de logement, mais nous n'avions que quelques centimes. En les réunissant, nous achetâmes un petit pain qui fut notre premier déjeuner en France de tous les cinq. L'après-midi, promenade dans la ville et rencontre d'un capitaine commandant le poste de la Garde nationale qui nous arrête pour nous demander l'histoire de nos péripéties. Finalement, il nous invite à dîner, ce que nous acceptons de grand cœur, vu notre déjeuner sommaire. Nous étions si heureux de notre première soirée passée en France que facilement nous aurions embrassé notre brave capitaine.

Le lendemain matin, il fallut se séparer. Deux étaient dirigés sur Bordeaux, un sur Lyon et deux autres sur Grenoble. Nous nous serrâmes la main les larmes aux yeux. Après une si longue intimité née de toutes les péripéties de notre évasion, nous étions devenus des frères.

Je me rendis à Grenoble avec un de mes amis et je fus versé dans un régiment d'artillerie. Nous fîmes bientôt partie de l'armée chargée des insurgés. Après avoir souffert des Prussiens, il nous fallut tirer le canon contre nos compatriotes. Je combattis la Commune à Lyon.

Quelques dates pouvant servir d'éclaircissement aux notes ci-incluses

(Ces dates ont été copiées sur les états de services du commandant Régnié et sur des lettres).

Alphonse-Emile RÉGNIÉ. né à Héricourt le 20 avril 1848.

Engagé volontaire pour 7 ans, mairie d'Auxerre, le 7 août 1866, au 17e régiment d'artillerie. 2e conducteur le 7 août 1866, 2e servant à cheval le 20 janvier 1867, brigadier le 15 octobre 1867, brigadier-fourrier le 18 juillet 1870..

A pris part aux batailles de Borny. Gravelotte, Saint-Privat, du 4 au 18 août 1870.

17e régiment d'artillerie : maréchal des logis fourrier le 3 octobre 1870.

Fait prisonnier à Metz le 29 octobre 1870.

Evadé des prisons de l'ennemi (Torgau) le 25 décembre 1870.

Vienne le 12 janvier 1871 (lettre en fait foi).

Rentré en France le 20 janvier 1871.

2e régiment d'artillerie : maréchal des logis fourrier le 20 janvier 1871 ; maréchal des logis chef le 26 janvier 1871.

Campagne à l'intérieur : Lyon.

Mort chef d'escadron d'artillerie en retraite, le 13 août 1910, à La Chevrolière (Loire-Inférieure).

Imp. PIERROT, à Montmédy

www.ingramcontent.com/pod-product-compliance
Lightning Source LLC
Chambersburg PA
CBHW060921050426
42453CB00010B/1852